U0108969

許振隆　編著

國旗國徽國歌知多少　幼稚園篇

中華教育

目錄

前言

　　香港回歸祖國，至今已有四分一世紀，多年來從政治、經濟、社會、民生所歷經的變化，實在多種多樣。國旗、國徽和國歌作為國家象徵，它們在香港社會也越發為大眾所重視。

　　1997 年 7 月 1 日零時零分零秒，國旗在香港會議展覽中心政權交接儀式上升起，標誌着中華民族一洗前恥，揚眉吐氣。國旗升起、國徽掛起和國歌奏起，銘刻了香港回歸的事實，從那一刻開始，香港回到祖國的懷抱。

　　回歸之初，香港學校普遍對升國旗並不重視，原因是對其認識不多，社會也未形成氛圍。2002 年香港升旗隊總會成立，它由民間發起，旨在推動和鼓勵中、小學校舉行升旗禮；2009 年，香港升旗隊總會的幼兒升旗隊成立。總會的隊伍和成員希望通過升旗儀式、升旗禮儀的實踐與宣傳，培養青少年以至幼兒從小開始，認識國家，關心國家。近年來，國旗和國歌教育受到學界普遍重視歡迎，學校紛紛參與培訓及成立升旗隊，升旗禮成為香港校園生活的重要組成部分。

香港經濟一直發展蓬勃，但過去一段時間人心卻未完全回歸，政爭不斷，虛耗了不少光陰，皆因部分人未認同中國人的國民身份。近年香港社會對大灣區的認識逐漸增加，社會經濟民生的發展亦緊密相連，青年人發展前景更是無限。及至《國安法》在香港落實，社會重回正軌，一切有序前行。香港青少年人，如從小對國旗、國徽、國歌等國家象徵有所認識，認同自己中國人的身份，無疑對香港融入國家大局非常重要。

　　今年是香港特別行政區成立 25 周年，編寫本書是希望青少年、教育工作者和社會人士，通過深入認識國旗、國徽、國歌，認同自己的國民身份，以國家為榮，為國家作貢獻。

許振隆

香港教育工作者聯會黃楚標中學校長

香港升旗隊總會總監

二零二二年九月

了解我們的國旗

★ 中國的國旗是怎麼樣的？

你見過中國的國旗嗎？你知道它的圖案有怎樣的含義嗎？

中華人民共和國憲法規定，五星紅旗是中華人民共和國的國旗。它是一面長方形，旗面左上方有四顆小五角星圍繞着一顆大五角星的旗幟，旗面用紅色，象徵革命。星用黃色是為着在紅色旗面上顯出光明。

試一試

看到上面這段文字，你可以想像出中國國旗的樣子嗎？試着畫一畫，然後翻到下頁看答案！

中華人民共和國國旗

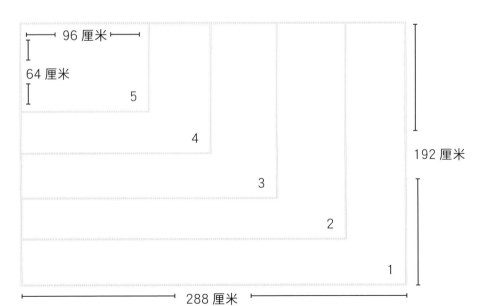

國旗的五種尺度

學校必須每星期第一個上課天舉行升國旗儀式。

國旗有五種通用尺度。最大是 1 號（長 288 厘米，高 192 厘米），最小是 5 號（長 96 厘米，高 64 厘米）。我們在幼稚園通常升掛的便是 5 號國旗。

坊間還有節慶典禮上掛成一串的小國旗，可以放在小桌上的國旗，以及拿在手裏的小國旗，它們的大小雖然比最小的 5 號通用尺度還小，但也有固定的尺寸要求！

一串小國旗，營造出慶典活動的愛國氣氛！

桌面國旗

手持國旗

升旗禮

國旗是怎樣誕生的？

　　國旗的圖案是通過公開徵集得來的。1949 年，《人民日報》、《解放日報》等報刊向全國徵求國旗圖案，截止時共收到國旗設計稿 1920 件、圖案 2992 件。最後經過評選，選定了浙江省瑞安一位名叫曾聯松的普通市民設計的「紅地五星旗」方案。1949 年 9 月 27 日，正式確定中華人民共和國的國旗是紅地五星旗，象徵中國革命人民大團結。

　　那麼曾聯松是怎麼想到這個方案的呢？據說他有一晚抬頭，看見閃爍的繁星時，突然產生靈感，感到中國共產黨是人民的救星。於是他使用大五角星來代表中國共產黨，環繞的小五角星就像廣大的人民，像羣星圍繞着北斗星那樣團結起來，取得勝利。他選擇國旗的色彩時，以讓人聯想到熱烈感情的紅色為主色，象徵革命；而星星的黃色，象徵燦爛光明，與紅色底色對比鮮明和諧。

「國旗最優先」是甚麼意思？

　　《中華人民共和國國旗法》規定，中華人民共和國國旗是中華人民共和國的象徵和標誌。每個公民和組織，都應當尊重和愛護國旗。因此，升掛國旗時，國旗要在顯著的位置。國旗和其他旗幟同時升掛時，國旗要放置在中心、較高或者突出的位置，以示對國旗的尊重和敬仰之情。

運動場上國旗與香港特別行政區區旗同掛時，國旗位於中央較高的首要位置。

　　以上是在固定位置升掛國旗時的「國旗最優先」，那麼人們攜帶旗幟列隊行進時，要怎麼表現國旗的「最優先」呢？列隊行進時，國旗必須在最前方，比如一條行進隊列中有國旗和香港特別行政區區旗，國旗就必須在區旗之前。

升旗隊列行進時，國旗需在最前方；當國旗與香港特別行政區區旗一同出現在隊列中，國旗必須在區旗之前。

觀看香港升旗隊總會成員金紫荊廣場升旗儀式，了解更多升旗禮儀

★ 參加升旗儀式啦！

　　大家一起來參加升旗儀式啦！甚麼時候幼稚園需要舉行升旗儀式呢？

　　學生每星期第一個上課日回幼稚園上課，便要舉行升旗儀式。

　　國慶日、香港特別行政區成立日和元旦日，幼稚園都會升起國旗。

　　教育局通函第 114/2021 號亦建議學校在開學禮、畢業禮、運動會、重要日子和特別場合等，都可以舉行升旗儀式。同時，教育局亦鼓勵學校盡可能舉行實際的升旗禮。

★ 升旗時我們該怎麼做？

　　升旗儀式時，我們應面向國旗，肅立致敬，行注目禮，高唱國歌。

　　旗手、護旗升旗時，要隨着國歌把國旗同步升至杆頂。降下時，不得使國旗落地。

　　如果我們聽到國歌響起，或國旗正在升降，便應當停下來，面對國旗，自覺肅立，待國旗升降完畢，才可自由行動。

香港升旗隊總會自 2009 年組建幼兒升旗隊以來，越來越多幼稚園的小朋友參與到升國旗活動當中，了解我們的國旗，學習實踐升旗的知識。

★ 旗幟飄揚！怎樣懸掛國旗？

在建築物前的旗杆，國旗要懸掛在中央，區旗在左，校旗在右。

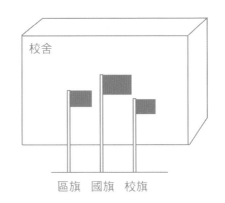

在禮堂或其他室內場地，國旗和區旗要掛在這樣的位置：

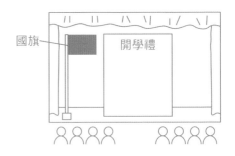

國旗和區旗一起升掛展示時，國旗的尺寸應最大，區旗則較小，以顯示國旗的地位。

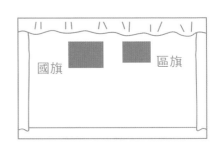

★ 我們可以使用國旗嗎？

　　根據《國旗及國徽條例》的規定，國旗不能用於商業用途或者私人活動。不過在國慶日或特區成立日等活動上，我們會手持小國旗，增加現場的氣氛，表達愛國的情感。此外，在節日慶典時，街上都會掛出一串串的小國旗和區旗，增添喜慶。在莊重的正式場合，我們可以佩戴國旗和國徽徽章。

香港市民手持國旗與區旗歡迎遼寧號航母訪問香港。

★ 找一找，國旗在哪裏？

　　香港每天都升掛國旗的地方一共有六類／處：包括行政長官官邸、禮賓府、政府總部、香港特別行政區所有口岸管制及檢查站、香港國際機場和金紫荊廣場。

金紫荊廣場上的國旗與區旗。

　　還有，中央人民政府駐香港的機構也要懸掛國旗。香港的政府機構在每個工作日都要升掛國旗，包括：行政長官辦公室、立法會、政府綜合大樓、公共體育及文化場館和設施、司法機構等。

　　香港還有六個指定日子，要求政府機構升掛國旗和區旗。

國慶節	10 月 1 日
香港特別行政區成立日	7 月 1 日
勞動節	5 月 1 日
元旦	1 月 1 日
農曆正月初一	視當年公曆對應日期而定
國家憲法日	12 月 4 日

★ 國旗小故事

天安門廣場的旗杆

北京天安門廣場在 1949 年 10 月 1 日開國大典上的旗杆，是由工程師林治遠親手設計施工完成的。

七十多年前，當時中國很落後，根本沒有能力生產出這麼長的旗杆。林治遠最後跑到北京自來水廠，找到 4 根不同粗細的水管，把它們一根套一根地焊接在一起，最後造出了 22.5 米的旗杆供開國大典時使用。

林治遠在那個年代，還設計了電動升旗裝置，當毛澤東主席按動電鈕，國旗便隨着國歌升起，國歌奏畢，國旗正好升到旗杆頂端。

天安門廣場的國旗，從開國大典到今天，都是電動升降的。

這套旗杆和升降設備，一直使用了 42 年，到 1991 年更換為現時 32.6 米的新旗杆。

天安門國旗護衛隊

　　國旗是國家的象徵，也是民族的驕傲。每天早晨，不論風霜雨雪，國旗護衛隊戰士動作整齊劃一，從金水橋走 138 步來到國旗杆下。然後，在無數觀眾的矚目下，國旗和太陽同時升起。現在，每到重要的日子，會有 96 名國旗護衛隊隊員執行升旗任務，平時則是 66 名。自 2018 年 1 月 1 日起，升國旗的時間和國歌同步，演奏完一遍國歌，國旗就會升到旗杆頂端。

　　天安門國旗護衛隊是天安門廣場上每天從事升降國旗工作和升旗台警衛工作的中國人民解放軍，隸屬於中國人民解放軍三軍儀仗隊。

　　1949 年 10 月 1 日，毛澤東主席在開國大典親自按下電鈕升起了第一面五星紅旗。從 1976 年 5 月 1 日起，由「國旗護衛班」當中的一名戰士肩扛着國旗，另一名戰士護旗，這樣一個簡單的二人小隊，每天升旗風雨無阻。

　　到了 1982 年 12 月 28 日，升旗儀式由原來的 2 人升旗改為 3 人升旗，並按時間表升降國旗，稱為「天安門國旗班」。

　　1991 年 5 月 1 日，「天安門國旗護衛隊」成立，由 3 人增加為 36 人的隊伍。

　　從 2018 年 1 月 1 日起，中國人民解放軍擔負國旗護衛和禮炮鳴放任務，升旗隊伍增加到 96 人，向世界展示着國家和軍隊的形象。

遨遊太空的國旗

　　1997 年元旦，天安門廣場升起的五星紅旗和過去升起的不一樣。

　　這一面國旗是在 1996 年 10 月 20 日被中國返回式人造衛星帶上了太空，遨遊了 15 天後，在 11 月 4 日隨衛星同時返回地面。

　　這是第一面由中國衛星帶入太空的五星紅旗，現在保存在中國國家博物館。

　　後來，隨着中國航空航天的發展，我們越來越多地看到五星紅旗在太空中飄揚。

　　2003 年 10 月 15 日，我國成功實施首次載人航太飛行任務。當飛船環繞地球飛行第 7 圈時，太空人楊利偉面帶微笑向地面揮手致意，並展示了中國國旗和聯合國旗幟，代表中國人民向全世界表達了和平開發宇宙空間的美好願望。

　　2008 年 9 月 25 日，神舟七號載人飛船在我國酒泉衞星發射中心成功發射。27 日 16 時 41 分，中國太空人翟志剛邁出太空第一步，在太空中揮舞五星紅旗向全國人民、全世界人民問好。這面國旗採用了兩面十字繡縫合在一起的技巧，取代原本國旗柔軟的綢布材料，讓它能夠在失重的太空中「飄」起來，而這幅十字繡作品，是參與了神舟七號項目的所有工作人員一起完成的。

　　此後，在執行火星探測任務的「天問一號」探測器，「嫦娥五號」月球探測器，月球車「玉兔號」，實驗性軌道飛行器「天宮一號」，以及中國製造的空間站「天和核心艙」等航天設備上面，都有着鮮豔的五星紅旗。伴隨着中國人探索宇宙的腳步，五星紅旗越來越多地出現在太空當中。

世界最高的中國國旗在哪裏？

　　1960 年 5 月 25 日，中國登山隊員從喜馬拉雅山北側，攀上世界最高峯——珠穆朗瑪峯，把五星紅旗插上了 8848 米高的峯頂，在世界上最險最高的峯頂上留下了中國人的足跡。

南極極地的中國國旗

　　1985 年 2 月 20 日上午 10 時，中國南極長城考察站建成，在嘹亮的國歌聲中，五星紅旗在南極洲上空徐徐升起，結束了南極沒有中國科學考察站的歷史。

2

記住我們的國徽

★ 中國的國徽是怎麼樣的？

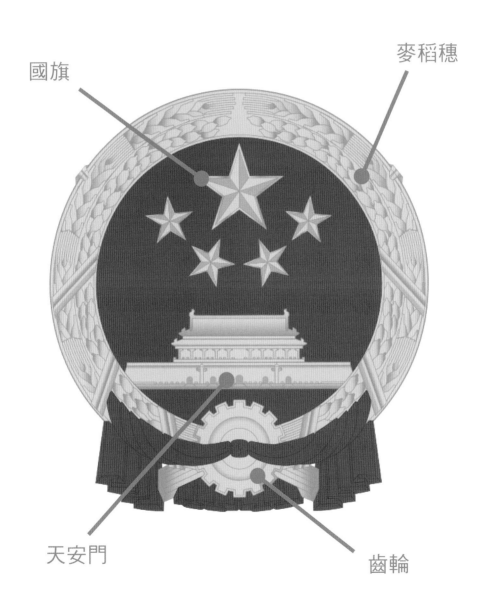

國旗

麥稻穗

天安門

齒輪

根據《中華人民共和國國徽圖案製作說明》的解釋，金色麥稻穗象徵中國的農民，一共有兩把，組成了圓環的形狀；金色齒輪象徵中國的工人，它位於國徽下方兩把穀穗底部交叉的地方；綬帶交結在齒輪中心，向左右延伸至稻穗下垂。

國徽用了金色和紅色，體現吉祥喜慶的民族色彩和傳統。

國徽中心部分是五星照耀下的天安門城樓，四顆小五角星環繞一顆大五角星，象徵中國共產黨領導下的全國人民大團結。

國徽在哪裏？

機構

在內地，我們會看到北京天安門城樓、人民大會堂、出境入境口岸、各類政府機構等地方，都掛上了國徽。在香港，行政長官辦公室、政府總部、立法會會議廳、中央人民政府駐香港的機構和宣誓儀式場所，都會懸掛國徽。國徽都會懸掛在各機構正門的上方正中處。

邊界標識

在陸地和領海的國境線上，標識着中國國境的界椿、界碑等標誌物上，都有國徽的圖案，以表示這裏就是中國的領土。

網絡

香港特別行政區政府、立法會、司法機構的網站首頁顯著位置都有使用國徽圖案。

法律文本

　　國家出版的法律法規正式版本的封面上會出現國徽。

文書出版物與證件

　　各類由全國人民代表大會、中華人民共和國主席、國務院等國家機關頒發的文書；國家公務人員的各類證件，內地居民的身份證件，還有我們的特區護照的封面也有燙金的國徽圖樣。

貨幣

　　人民幣是中國人民銀行發行的中國法定貨幣，所以人民幣紙幣上印有國徽圖案。

小遊戲

　　了解了上面的信息，你可以從下面的圖片中，選出可以找到國徽的地方嗎？

機場

學校

戲院

政府大樓

國界界碑

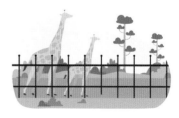

動物園

餐館

學生證

★ 國徽與我們的生活

懸掛國徽的國際列車

　　中國地處歐亞大陸東部，與 14 個國家接壤，因此在歐亞大陸的鐵路網中有非常重要的地位，發揮着不可或缺的作用。目前中國與俄羅斯、朝鮮、越南、蒙古、哈薩克、老撾 6 個國家共有 16 條國際聯通鐵路，能夠實現直通客貨運輸。貨運的集裝箱列車，還可以從中國駛向德國、捷克等歐洲國家。

　　這些聯運列車中最出名的應該是 K3/4 次列車，它是中國鐵路運行於首都北京至俄羅斯首都莫斯科的一趟國際聯運快速列車。它由 1960 年至 2020 年不間斷行駛了 5000 多萬公里，往返里程相當於繞地球 1200 多圈，總計運送了來自 100 多個國家的 200 多萬名旅客，因此也得到了「中華第一車」的美譽。隨着 2013 年一帶一路倡議的提出，這班車廂上數十年來懸掛着閃亮中國國徽的列車也成為旅行團享受跨歐亞火車慢生活的絕佳選擇。

國徽與巡迴法庭

　　在香港，市民有法律訴訟和法院審判案件，都會在法庭進行。但是中國的土地非常廣闊，內地有很多距離縣市法庭很遠的偏僻地方也有人居住，這些人也有法律方面的需求。於是中國內地的司法工作者身背國徽，或是騎馬深入草原，或是乘船前往離島，或者攀爬險峻山路深入大山，他們到這些地方開設「巡迴法庭」，現場審理、調解案件，還為大眾進行法律知識宣講。國徽在這裏不但代表着國家法律的權威與尊嚴，也代表了中國法制的不斷發展進步。

3

唱唱我們的國歌

⭐ 中國的國歌是甚麼？

　　中華人民共和國憲法規定，中國的國歌是《義勇軍進行曲》。以下是國歌的詞曲，你能跟着唱嗎？

國歌是怎樣誕生的？

國歌「出生」

694 份
備選歌詞

632 首
備選歌曲

經過這樣大範圍的「海選」，
仍然沒有最佳方案！

那麼我建議，先以《義勇軍進
行曲》作為國歌吧！

徐悲鴻

從代國歌到正式國歌

**1949 年
9 月 27 日**

中國人民政治協商會議第一屆全體會議正式通過：在中華人民共和國的國歌未正式制定前，以《義勇軍進行曲》為國歌。

**2004 年
3 月 14 日**

第十屆全國人民代表大會第二次會議修改憲法，將其第四章章名「國旗、國徽、首都」修改為「國旗、國歌、國徽、首都」，正式在憲法中確認了《義勇軍進行曲》是中華人民共和國的國歌。

《義勇軍進行曲》的由來

《義勇軍進行曲》是怎樣的一首歌曲呢？

原來它是 1935 年電影《風雲兒女》的主題曲，由田漢作詞，聶耳譜曲。這部電影講述了「九一八」事變之後中國青年走上抗日救亡道路的故事，電影主題曲圍繞着故事主題，呼籲普羅大眾意識到當時中國面臨的生死存亡的危機，激發人們的愛國熱情，起來反抗侵略，保衞祖國。

田漢

聶耳

★ 唱國歌時我們該怎麼做？

　　我們參加學校的升旗儀式時，需要唱國歌；在一些莊重的活動慶典場合，當國旗伴隨國歌升起的時候，也要跟着一起唱呀！

　　唱國歌時，我們應當着裝得體，精神飽滿，肅立致敬，舉止莊重。

　　我們要正確地演唱、跟唱國歌，不能隨便改動詞曲和音樂節奏；在歌唱過程中，也不能談話走動，或者和同學朋友打鬧。

國歌小故事

香港回歸最重要的「兩秒鐘」

　　1997 年，迎接香港回歸，時任中國外交部禮賓司副司長安文彬要確保國旗在 7 月 1 日零時零分零秒準時升起。

　　他為了升旗前的 2 秒鐘，同英國人先後談判了 16 輪。因為升國旗時樂隊要奏國歌，指揮棒抬起來一秒，落下去一秒，共需要兩秒的時間。因此，英國國旗必須在 23 時 59 分 58 秒降下，但英國大使卻拿出各種藉口拒絕。

　　在最後一次談判中，安文彬莊嚴地說，香港已經被英國掠奪佔領了 150 多年，香港的主權終於要回歸中國了，我們只要求給多兩秒鐘，卻被百般刁難，英國人將怎樣面向世人？

　　安文彬堅定的立場，令英國大使最終答應了。他為國家爭取了這珍貴的 2 秒鐘，令國歌準時奏起，維護了國家的尊嚴，捍衛了國家的主權。

香港回歸現場歷史照片

中西合璧的《義勇軍進行曲》

你知道嗎？在《義勇軍進行曲》成為中國國歌之前，曾經有一位美國黑人歌手，在中國抗戰的艱難階段，用中文在紐約唱出這首歌，為中國人民抗日救亡的鬥爭加油。

這位歌手名叫保羅・羅伯遜（Paul Robeson），1898 年出生於美國新澤西州普林斯頓。20 世紀 20 年代，他在音樂劇《演藝船家》中以一曲《老人河》出名，成為廣受歡迎的中低音歌唱家。此後又進軍荷里活和英國電影界。30 年代，他投身反對法西斯主義、追求平等權利的事業。

1940 年夏天，愛國音樂家劉良模來到美國宣傳中國抗戰，在紐約認識了羅伯遜。羅伯遜聽到中國人保家衛國，抗擊日本侵略者的事跡很感動，決定要為英勇的中國人民唱一首歌。於是在當年紐約的一場露天獨唱音樂會上，羅伯遜對現場的六七千名觀眾用中文演唱了《義勇軍進行曲》，次年他還與劉良模組織的「華

僑青年歌唱隊」在紐約錄製了中國歌曲專集《起來》。
從此，《義勇軍進行曲》等抗戰歌曲隨着這套唱片的發
行，在美國和其他地區開始流行。這套唱片最初發行
的收益用於資助中國抗戰。

1941 年保羅 · 羅伯遜灌錄的抗戰歌曲唱片《起
來——新中國之歌》

搜索網絡，
看看更多關
於保羅 · 羅
伯遜的演唱，
以及國歌歷
史的故事

唱着國歌撤離

2011 年 2 月，北非的利比亞局勢動盪，當時有三萬多中國人滯留在那裏，國家決定不惜一切代價撤離所有人員。

當時，有一批工人在撤離途中丟失了護照。他們被當地檢查站扣留，使館人員怎樣解釋也沒用，檢查站人員的理由是：如何證明他們是中國人？

這時候，一位年輕人靈機一動，對着工人們高聲喊道：「齊唱國歌！」一時間，檢查站響起大家整齊激昂的歌聲：「起來，不願做奴隸的人們……」檢查站人員放行了。

最終，35860 名在利比亞的中國公民，經過 12 個日夜，全部安全撤離回國。

鳴謝

此書由　中國銀行（香港）有限公司贊助出版，特此鳴謝。

支持機構：

香港特別行政區政府教育局

香港升旗隊總會

香港中華文化促進中心理事會

香港資助小學校長會

香港島校長聯會

九龍地域校長聯會

新界校長會

香港直接資助學校議會

津貼小學議會

香港幼稚園協會

本書部分參考資料、圖片及視頻來源：

◎ 許振隆先生

◎ 香港升旗隊總會

◎ 《鑒往知來──慶祝香港回歸 25 周年大型主題展覽畫冊（1997-2022）》，香港：紫荊出版社，2022。

◎ 香港特別行政區政府網頁：

https://www.cmab.gov.hk/tc/issues/national_flag_emblem_anthem.htm

◎ 香港特別行政區政府教育局網頁：

https://www.edb.gov.hk/tc/curriculum-development/4-key-tasks/moral-civic/newwebsite/flagraising.html

責任編輯：楊歌
裝幀設計：鄧佩儀
排版：鄧佩儀
印務：劉漢舉

國旗國徽國歌知多少 （幼稚園篇）

許振隆 編著

出版｜中華教育

香港北角英皇道 499 號北角工業大廈 1 樓 B 室

電話：(852) 2137 2338　傳真：(852) 2713 8202

電子郵件：info@chunghwabook.com.hk

網址：http://www.chunghwabook.com.hk

發行｜香港聯合書刊物流有限公司

香港新界荃灣德士古道 220-248 號 荃灣工業中心 16 樓

電話：（852）2150 2100　傳真：（852）2407 3062

電子郵件：info@suplogistics.com.hk

印刷｜美雅印刷製本有限公司

香港觀塘榮業街 6 號海濱工業大廈 4 字樓 A 室

版次｜2022 年 10 月第 1 版第 1 次印刷

©2022 中華教育

規格｜16 開（230mm x 170mm）

ISBN｜978-988-8807-55-0